La fuente esencial de la calma

Steve Taylor

La fuente esencial de la calma

Reflexiones y meditaciones
para el despertar espiritual

URANO

Argentina – Chile – Colombia – España
Estados Unidos – México – Perú – Uruguay

Título original: *The Calm Center – Reflections and Meditations for Spiritual Awakening*
Editor original: An Eckhart Tolle Edition – www.eckharttolle.com
New World Library, Novato, California, EE UU
Traducción: Laura Paredes Lascorz

1.ª edición Marzo 2022

ISBN: 978-84-17694-64-7
E-ISBN: 978-84-19029-34-8
Depósito legal: B-1.252-2022

Fotocomposición: Ediciones Urano, S.A.U.
Impreso por: Rotativas de Estella – Polígono Industrial San Miguel – Parcelas E7-E8
31132 Villatuerta (Navarra)

Impreso en España – *Printed in Spain*

«¡No yo, no yo, sino el viento que sopla a través de mí...!

Ah, para la maravilla que me burbujea en el alma,
sería una buena fuente, un buen manantial,
no perturbaría ningún susurro, no arruinaría ninguna
expresión.»

D. H. Lawrence,
«Canción de un hombre que ha sobrevivido»

Índice

Prólogo

Tu religiosidad depende de la naturaleza y de la fortaleza de tus creencias y de cuán profundamente te identificas con ellas. Tu espiritualidad depende del grado de tu presencia en la vida cotidiana; es decir, de tu estado de consciencia.

La esencia de toda espiritualidad es la presencia, un estado de consciencia que trasciende el pensamiento. Hay un espacio tras y entre tus pensamientos y emociones. Cuando adquieres conciencia de ese espacio, estás presente, y te das cuenta de que tu historia personal, definida por lo que piensas, no es tu verdadera identidad y no es la esencia de quién eres. ¿Qué es ese espacio, esa espaciosidad interior? Es la serenidad, la fuente esencial de la calma. Es pura consciencia, el YO SOY trascendente que adquiere conciencia de sí mismo. Buda lo llamaba *sunyata*, vacuidad o vacío. Es el «reino de los cielos» del que Jesús hablaba, que está en tu interior, aquí y ahora.

A medida que la presencia crece en ti, se manifiesta de muchas formas distintas: paz interior, empatía, generación de buena voluntad hacia tu prójimo, creatividad, una mayor sensación de vitalidad, ausencia de pensamiento disfuncional y compulsivo, una profunda valoración del momento presente. Todos estos cambios y muchos otros realzan en gran medida la calidad de tu vida.

La presencia puede también ser un medio de empoderamiento y de inspiración de la palabra hablada y escrita. Todas las enseñanzas espirituales auténticas se valen de las palabras como hitos en el camino que conduce a esa dimensión trascendente de la consciencia que es la presencia. De modo algo misterioso, las palabras que nacen de la presencia están imbuidas de cierto poder que va más allá de su valor informativo y que es un reflejo de la presencia. Ese poder despierta o aumenta la presencia de las personas que las escuchan o las leen. Todos las enseñanzas espirituales auténticas tienen ese poder. Puedes, y de hecho querrás, retomarlas y volver a leerlas muchas veces, porque, al leerlas, se produce en ti cierto desplazamiento en la consciencia. Accedes al estado de presencia.

La fuente esencial de la calma es uno de estos libros singulares. Pertenece al género de la poesía, que, desde la antigüedad, ha sido reconocida como un medio sumamente adecuado para la expresión y la transmisión de la verdad espiritual. Muchas enseñanzas espirituales antiguas pueden considerarse poesía o incluirse en la frontera entre la poesía y la prosa. Los Upanishads, el Bhagavad Gita, el Dhammapada, y el Tao Te Ching están, todos ellos, imbuidos de poesía. En dichos textos, el significado, las imágenes, el sonido y el ritmo interactúan para crear un todo armonioso cuyo poder transformador se activa en la consciencia del lector o del oyente. Y qué decir de los grandes poetas místicos del sufismo: Hafiz, Rumi, Kabir y Attar; y de los poetas budistas Bashō y Milarepa. La tradición cristiana tiene también grandes poetas místicos, como san Juan de la Cruz, Angelus Silesius y, por supuesto, el Maestro Eckhart, cuyos escritos, con su magistral uso de las imágenes y las metáforas, podrían describirse como prosa poética. En épocas más recientes, la dimensión espiritual está presente en las obras de numerosos poetas, como Wordsworth, Whitman, Rilke y muchos más.

La fuente esencial de la calma de Steve Taylor es la encarnación contemporánea de esa antigua tradición de discurso espiritual poético. El tema fundamental de, prácticamente, cada uno de estos poemas es el estado de consciencia del lector. Si te abres a su poder transformador, y lees con atención y pausadamente, descubrirás que cada poema obra su magia en ti y provoca un cambio sutil, pero marcado, en tu estado de consciencia. Te liberará de la cháchara mental del pensamiento obsesivo compulsivo y te permitirá acceder al estado de serenidad interior que supone la presencia. Te abrirá los ojos a la dimensión espiritual. Y si disfrutas leyendo estos poemas repetidamente, su efecto acumulativo puede cambiarte la vida.

Te recomiendo que tengas un ejemplar del libro en la mesilla de noche y otro en tu lugar de trabajo para que te proporcione sustento espiritual durante tus pausas, por breves que sean. La lectura de cada poema puede convertirse en una minimeditación. Y a menudo, uno de ellos será lo único que necesitas en cualquier momento dado. He leído en voz alta algunos de los poemas de Steve Taylor a los participantes de retiros espirituales, donde fueron recibidos con entusiasmo. Te aconsejaría que compartas también de vez en cuando tus poemas favoritos en voz alta con tu pareja, cónyuge, familiares o grupo de amigos. Será muy beneficioso para ti, al igual que para el resto de oyentes, así como para la calidad de vuestra relación. Asegúrate, sin embargo, de que la otra persona esté abierta y sea receptiva, de modo que no hagas destinatarias de estas perlas a personas demasiado inconscientes para valorarlas.

Permíteme iniciar el placer de tu lectura espiritual con este pequeño extracto de un poema:

> ¡Ojalá pudiera mostrarte,
> cuando estés sumido en la soledad o la oscuridad,
> la Asombrosa Luz
> de tu propio Ser![1]

Sin duda, esta pequeña joya no parece fuera de lugar en las páginas de este libro. Pero fue escrita hace más de seiscientos años por Hafiz, el gran poeta sufí de origen persa, que recibió el epíteto de «Lengua de lo Invisible», lo que demuestra que las palabras que emanan de la presencia son intemporales.

Eckhart Tolle, autor de
*El poder del ahora: un camino hacia la realización
espiritual* y *Un nuevo mundo, ahora*

---

1. Hafiz, «My Brilliant Image», *I Heard God Laughing: Poems of Hope and Joy*, trad. al inglés de Daniel Ladinsky (Penguin, Nueva York, 2006), p. 7.

El único lugar

Cuando el futuro está lleno de temor
y el pasado está lleno de pesar,
¿dónde puedes refugiarte, si no es en el presente?

Cuando vorágines de pensamientos torturadores
hacen retroceder las barricadas de tu cordura,
el presente es la fuente esencial de la calma donde puedes
    descansar.

Y lentamente, mientras descansas ahí,
los molestos pensamientos y temores se desvanecen
como sombras que languidecen bajo el sol de mediodía
hasta que ya no necesitas refugiarte.

El presente es el único lugar
donde no hay dolor creado por el pensamiento

El presente es el único lugar.

El desafío

¿Cómo sabrás lo fuerte que eres
si nada pone a prueba tu fuerza?

¿Cómo sabrás lo profundo que eres
si las turbulencias no resquebrajan tu superficie
y te obligan a sumergirte?

¿Cómo sabrás qué duerme en tu interior
si no te enfrentas con todo tu ser al desafío de
    despertarte?

Entonces buscarás dentro de ti tus recursos,
tus reservas inexplotadas de fortaleza y destreza,
y te elevarás como un sol, asombrado de tu resplandor,
más fuerte de lo que jamás sospechaste,
más profundo de lo que jamás soñaste.

Insatisfacción divina
(La apertura)

Cuando intuyes que hay algo más,
cuando la vida que solía satisfacerte ya no parece
    bastar,
la seguridad parece asfixiante y los placeres dejan de
    deleitarte,
cuando los sueños de éxito han dejado de motivarte
y las distracciones no parecen distraerte,
cuando la familiaridad parece oprimirte, como un abrigo
    demasiado viejo y ajustado,
y cada repetición de la vieja rutina
te hace sentir más hastiado y cansado...

Cuando te ves aquejado
de una tristeza que no parece tener origen,
de un hambre que parece demasiado sutil para saciarla,
cuando unas energías extrañas te recorren el cuerpo
como los temblores de un terremoto en lo más profundo
    de tu ser
y sientes que el suelo se mueve
y temes perder el equilibrio

y te preguntas: «¿Qué me pasa?
¿Por qué ya no puedo ser feliz?»…

No temas; no te pasa nada.
No es ansiedad ni depresión,
es insatisfacción divina.
No estás derrumbándote, sino abriéndote paso.

Éste es tu despertar,
el rasgado del velo,
la apertura de tu alma.
Tu verdadero yo está emergiendo, despacio, con esfuerzo,
a través de la dura piel de tu crisálida.

El viejo mundo se está desvaneciendo tras de ti
y tú estás esperando, desorientado, en el umbral del
    nuevo,
preguntándote cómo entender este lugar extraño.
Pero mientras tengas el valor de avanzar,
aparecerá una guía, y tu camino se formará ante ti,
y dará comienzo una gloriosa aventura.

Y pronto la exuberancia de este paisaje dejará de
    asombrarte,
pronto el brillo de este sol dejará de deslumbrarte,
pronto la inmensidad de este lugar dejará de abrumarte,
y la magia y el significado de este nuevo mundo te
    envolverán.

Conviértete en el cielo

Esta jaula en la que llevas atrapado
más tiempo del que puedes recordar
puede parecerte tan robusta y segura
que ni siquiera sueñas ya con huir,
como un pájaro que solía agitar sus alas
y las pliega ahora inertes.

Pero los barrotes de tu jaula no son sólidos.
Son un espejismo formado por temores y deseos,
proyectado por tu mente inquieta,
estimulado por la atención que les prestas.

Deja que tu mente esté tranquila un instante
y observa cómo los temores se desvanecen,
observa cómo los deseos se retraen
como las garras de un animal que ya no se siente
    amenazado.

Observa cómo los barrotes se esfuman
y deja que el mundo te absorba.

Deja que tu espacio mental se funda con el espacio
    exterior
hasta que sólo haya espacio sin distinción;
despliega tus alas y conviértete en el cielo.

La voz en tu cabeza

Llegará un día en que te hartarás de esa voz en tu cabeza
que no cesa de murmurar su descontento,
de infundir temor sobre el futuro
y de cuestionar todas tus elecciones.

Llegará un día en que le dirás tranquilamente: «me niego
    a escucharte»,
te distanciarás y desviarás la mirada
para dirigir tu atención a lo que te rodea
o a una calma y espaciosidad que intuyes
en tu interior, justo detrás de esa voz.

La voz está tan ensimismada
que, al principio, ni siquiera se percatará de que la ignoras
y seguirá parloteando sola.
Tú seguirás oyendo sus quejas y sus críticas,
pero ya no te convencerán;
dudarás de ellas, te reirás de ellas, las rechazarás.

Y, poco a poco, sin que tu atención la alimente,
la voz se volverá cada vez más indecisa,

tartamudeará y cederá espacio;
hasta que, al final, esa cansina voz asertiva que exigía ser
    escuchada
y parecía inundar el resto de la realidad
apenas será un susurro, como una ligera brisa
que parece formar parte del silencio.

El núcleo

Puede llevarte toda una vida llegar a ser tú mismo;
años de sentirte perdido y solo
interpretando un papel que nunca debiste representar,
balbuceando en una lengua que no era la tuya,
llevando ropa que no te va bien,
intentando hacerte pasar por normal
pero sintiéndote siempre torpe y poco natural
como un forastero fingiendo estar en casa
a sabiendas de que todos notan que estás desubicado
y te aborrecen porque saben que éste no es tu sitio.

Pero, poco a poco, a lo largo de años de exploración,
ves puntos de referencia que reconoces,
oyes susurros vagos que parecen tener sentido,
palabras extrañamente familiares, como si tú mismo las
      hubieras dicho,
e ideas que te calan muy hondo, como si ya las supieras.
Y, poco a poco, tu confianza crece
y andas más deprisa, intuyendo la dirección correcta,
sintiendo la atracción magnética del hogar.

Y comienzas a excavar
para arrancar las capas de condicionamientos,
para despojarte de las pieles de tu endeble falso yo,
para renunciar a esas costumbres y deseos que absorbiste,
hasta alcanzar la roca maciza que yace debajo,
el reluciente núcleo fundido de ti.

Y ya no hay más incertidumbre;
tu camino está despejado, tu rumbo está fijado.
Esta base rocosa de tu ser es tan firme y estable
que no hay necesidad de aceptación,
no hay miedo a la exclusión o al ridículo.
Todo lo que haces es correcto y verdadero,
profundo y lleno de autenticidad.

Pero no te detengas. Estás sólo en el punto que marca la
    mitad del camino;
puede que, tal vez, el comienzo incluso.

Cuando hayas llegado al núcleo,
sigue explorando, pero con más sutileza,
sigue excavando, pero con más delicadeza
y seguirás desenterrando capas, encontrando nuevas
    profundidades,
hasta alcanzar el punto que no es ningún punto,
donde el núcleo se disuelve
y la roca maciza se derrite como el hielo,
y el yo pierde su límite
y se expande para abarcar el todo.

Un yo más fuerte y verdadero todavía
porque no es un yo en absoluto.

Un yo que tuviste que encontrar
para poder perderlo.

Los secretos

No puedes atrapar los secretos,
arrancarlos de la tierra
o capturarlos en el aire.
Cuanto más te esfuerces en sujetarlos,
más perderán su forma
hasta llegar a escurrirse.

Puedes triturar la materia en granos diminutos
hasta que quede reducida a nada,
pero su esencia siempre te eludirá.
Puedes inmovilizar la naturaleza y torturarla,
pero ella jamás te dirá lo que sabe.

No puedes usar la fuerza, ni siquiera el esfuerzo;
sólo puedes crear las condiciones adecuadas,
reorientar tu atención
y formar un espacio sagrado en tu interior.

Deja tu mente tan vacía como un cielo sin nubes
y tan tranquila como la superficie de un lago
hasta que en tus profundidades reine la quietud

y el canal sea lo bastante amplio y claro
para que los secretos fluyan
y se revelen a ti.

La historia

Tu historia está siempre ahí
si necesitas recordarte a ti mismo quién eres,
como un riachuelo que fluye a tu lado
y en el que siempre puedes meterte y nadar un rato
cuando te desorientas o te sientes vulnerable
y necesitas refrescar tu sentido del yo.

Y cuando fluyas con ese riachuelo de recuerdos,
podrías sentirte orgulloso de lo lejos que has llegado
al alcanzar este momento de éxito aplastante,
volver la vista río arriba y esbozar una sonrisa
    reivindicativa
pensando en los idiotas que te despreciaron y dudaron de ti.

O podrías lamentar interiormente el fracaso
volviendo la vista hacia los meandros embarrados
que no han conducido a ninguna parte
salvo a este lugar de dolor.

Puedes ser el héroe o el villano, según tu historia.

O puedes dejar que el riachuelo fluya
y aceptar este momento en su totalidad
sin referencia a ningún otro, antes o después.
Puedes sentarte y observar, desde fuera de la historia,
no como un personaje, sino como el autor
afianzado en otra identidad
que jamás fue creada
y que no precisa argumento ni conclusión
porque ya está completa.

La alquimia de la atención

Cuando los pensamientos que se multiplican te nublan la
    mente
con asociaciones de ideas que se forman sin cesar,
imágenes que se agolpan y recuerdos que se arremolinan
cayendo en cascada por tu espacio interior,
siempre puedes regresar al ahora.

Esta mañana, al preparar el desayuno a los niños,
me he dado cuenta de que soñaba despierto y, con un
    ligero codazo mental,
me he recordado donde estaba.
Y el caos de la cocina se ha convertido al instante en una
    presencia espaciosa:
el mosaico de baldosas que el sol ilumina en el suelo
y que se ensombrece y reluce con el paso de las nubes,
el centelleo de los bordes metálicos de los taburetes,
el vapor de las tazas humeantes,
el reflejo de las cucharas plateadas,
la quietud perfecta de los granos de café derramados,
el llamativo azul y amarillo de las botellas de detergente
y las manchas de la ventana que el sol revela;

todo perfectamente tranquilo y real,
todo perfectamente en sí mismo.

La atención es una alquimia
que transforma la monotonía en belleza
y la ansiedad en serenidad.

El maestro espiritual

«No puedes encontrar la felicidad en el mundo», dijo el
    maestro.
«Es un lugar de imperfección. Por eso está lleno de
    sufrimiento.
Tienes que trascenderlo, acceder al ámbito del espíritu.
Es ahí donde se halla la culminación.»

Había un brillo místico en sus ojos,
como si fuera de otra dimensión
demasiado etéreo para la Tierra,
donde estaba de visita, sin deseos de quedarse.

«El cuerpo es un caparazón, nada más», prosiguió.
«Un vehículo temporal para el alma.
Y cuanto más satisfaces sus deseos,
más débil se vuelve el espíritu.»

Me marché y deambulé por las calles, mirando al cielo.
Crucé el parque, recorriendo el paseo,
bajo las ramas oscilantes de los árboles.

Y noté que el espíritu hablaba
a través de la sintiencia silenciosa de los árboles,
a través de los delicados murmullos del viento,
a través del rumor y del oleaje del mar,
a través del suave deambular de las nubes.

Cada brizna de hierba, cada ola del mar,
cada nube, cada piedra, cada partícula de aire
brillaba con su propia consciencia,
sutilmente sintiente, tranquilamente viva,
siempre ahí, pero a una frecuencia secreta,
más allá del espectro normal de la consciencia.

Sentí cómo el abrumador poder del espíritu
brotaba e impregnaba el mundo.
Me abrí, dejé que el poder me envolviera
y pasé a formar parte también de la comunión,
y todo mi cuerpo se estremecía y relucía con el espíritu.

Y jamás volví a ver al maestro.

La conmoción

Hay muchos modos de sentirse insatisfecho,
muchas necesidades distintas que satisfacer,
muchos objetivos por los que seguir luchando,
muchos problemas que intentar arreglar,
mucho pasado que deseas poder cambiar,
muchos temores sobre el futuro.

No es extraño que te sientas abrumado,
como un viajero que carga demasiadas maletas
con demasiados caminos entre los que elegir
y que tiene que ir parándose para descansar
hasta que ya no puede más y se desploma.

¿Cómo podrías ser feliz algún día?
La vida es demasiado exigente y complicada.

Pero entonces, experimentas la conmoción de una
  enfermedad o un accidente.
La muerte se te acerca sigilosamente por detrás y te
  golpea con tanta fuerza la espalda
que te despierta de tu sopor.

De repente, la niebla se disipa
y ves el angosto saliente por el que caminas,
el mismo por el que has caminado siempre,
entre la vida y la muerte.

Y ahora todo es tan simple que tiene sentido,
la vida es temporal y frágil, inestimablemente valiosa,
y la vida no contiene nada salvo este momento presente,
este hermoso y brillante río de experiencia.

Y, de repente, esas necesidades dejan de inquietarte,
la culpa y el miedo dejan de roerte,
los fantasmas del pasado ya no pueden asustarte,
no hay nada por lo que preocuparte o que temer.

Todo ha desaparecido
salvo la gloria de este momento
y el esplendor del mundo mismo.
Y sabes que esto es todo lo que hay,
que en esto radica la culminación
y que todo lo demás es sólo una fantasmagoría.

La luz
(de lámparas diferentes)

Vi la luz aparecer de repente en el cielo
como una flor que se abre tras las nubes,
y todo el mundo se teñía de armonía
y reverberaba como el mar al amanecer.

Vi la luz brillar en mi mente
y colarse a través de la oscuridad del espacio interior
por un punto determinado de quietud
como una zona de puras aguas bravas.

Vi la luz centellear en los ojos de mi bebé:
dos cristales que relucían de amor incondicional
directamente desde el núcleo dorado del universo.
Emanando de todo, envolviéndolo todo: la luz de la
    propia luz.

La máscara

No te crees una máscara para salir al mundo,
una máscara que interprete tan bien tu vida,
una máscara que sea tan afable y divertida
que seas siempre el centro de atención;
una máscara que no puedas quitarte ni siquiera un
    segundo
para que no se entrevea tu yo real
y el público se dé cuenta de que ha sido engañado,
y su cariño se transforme en burla.

La máscara te facilita la vida;
hay un vendaval de impresiones, pensamientos y
    sentimientos
que podrían confundirte y agobiarte,
pero tú puedes mantenerte firme porque la máscara te
    protege,
porque el mundo rebota en ella como en un frío escudo
    metálico
que desvía cualquier dolor que se te presente.
Y es más fácil aún cuando dejas de distanciarte y
    observar,

cuando te conviertes en el papel que interpretas
y olvidas que alguna vez fuiste otro.

Pero la máscara es como un niño que nunca crece,
que nunca será autosuficiente;
tienes que alimentarla con tu atención
y asegurarte de que nunca conozca el silencio o la
    soledad,
los dos depredadores que la amenazan.

Y cuando ya no puedas mantener el esfuerzo,
finalmente, la máscara se desintegrará
y se desplomará como un padre exhausto al final del
    día.

Entonces tu yo real se liberará a trompicones,
aturdido tras un encierro tan largo,
deslumbrado por el resplandor del sol,
tambaleándose ante la complejidad de la vida,
desnudo y abierto al terror y al placer.

Y el mundo confiará en ti,
la humanidad te acogerá
y, poco a poco, los demás se quitarán la máscara a tu
    alrededor,
y notarás que te conectas a una profunda corriente
    nutricia
que trasciende la frágil separación de las máscaras;
la riqueza de tu ser, abriéndose

a la riqueza de otros seres y a la vida misma,
la totalidad de tu ser abriéndose
a la totalidad de la vida misma.

Cuando parecen aguardarte problemas en el camino

Cuando parecen aguardarte problemas en el camino,
no corras a su encuentro
como si fueran amigos a los que hace mucho que no ves,
déjalos ahí, deja que esperen.

Deja que duerman hasta el momento de encontrarte con
    ellos
y préstales entonces la debida atención,
resuélvelos lo mejor que puedas
y sigue adelante, dejándolos ahí
sin volver la vista atrás.

Puede que incluso, cuando llegue la hora,
te sorprendas a ti mismo esperando, esperando,
    esperando
hasta darte cuenta de que te has confundido,
de que jamás hubo ningún problema y de que aquí no hay
    nada
salvo una sombra larga y delgada, proyectada por tus
    pensamientos.

La lucha

La lucha nunca parece terminar;
crees que has sorteado la última ola
y que, por fin, puedes relajarte,
bajar la guardia y mirar a tu alrededor,
pero ya hay otra ola
que crece y avanza hacia ti.
De modo que suspiras y te preparas para el dolor,
y el sufrimiento te recorre el cuerpo de nuevo.

Buda no se equivocaba;
la vida es un arcoíris oscuro
con un millón de tonos distintos del sufrimiento:
traumas agazapados en lugares tan recónditos de tu mente
que no puedes localizarlos, y mucho menos liberarlos;
fracasos del pasado que te persiguen,
miedo al futuro que te espera,
pensamientos contraproducentes demasiado arraigados
    para eliminarlos,
neuronas que fallan, hormonas que se disparan,
terminaciones nerviosas expuestas o alteradas;
demasiadas exigencias que, como niños hambrientos,

gritan pidiendo atención;
demasiados torrentes de información distintos
que te bombardean y te atiborran el cerebro.
La satisfacción es una frágil tregua,
un equilibrio precario que siempre se rompe.

Pero, a veces, hay un momento entre una ola y otra
en el que el tiempo se divide como un átomo
y, de repente, estás flotando más allá del pesar,
en parte de un mosaico brillante de significado
que hace que la ansiedad parezca imposible.
Es una ensordecedora sinfonía de armonía
y tú estás totalmente en sintonía, participando;
la armonía eres tú, y se está interpretando a través de ti.

Y aunque serás derribado de nuevo,
cada vez las olas pierden algo de fuerza,
el sufrimiento es menos importante, más leve y más
    difuso,
como un fantasma que casi transparenta ante tus ojos.

La presión para hacer

La presión para hacer nunca cesa,
ni siquiera cuando tu agenda está vacía, y todos los cabos
    atados,
ni siquiera cuando has llevado cada proyecto a su
    conclusión
y sabes que te has ganado el derecho a relajarte
y saborear tus logros, un rato por lo menos;
pero la presión no te dejará descansar.

La presión jamás se da por satisfecha,
como un animal con un apetito insaciable
que devora toda actividad y va, después, en busca de más.
Está contigo en cuanto te despiertas
y te sigue incordiando e incitando a lo largo del día,
y, a veces, te impide dormir por la noche
susurrándote «Todavía hay mucho que hacer»
y recordándote lo que no lograste hacer hoy
y lo que aguarda a ser hecho mañana.

La presión para hacer te convence
de que toda esta actividad es necesaria,

de que el presente sólo existe en aras del futuro,
de que los momentos son espacios vacíos que hay que
    llenar,
de que el tiempo es un enemigo, y tu vida, una batalla
    constante,
y todo logro, incluso cada tarea culminada, una
    minúscula victoria.

Pero no tienes que dejar que la presión te domine;
quizá ya has hecho suficiente.
Quizá no hay nada más que hacer
aparte de lo que es necesario.
Quizá conseguir nuevos logros
sólo atenúe lo que ya has hecho.

Mantente firme y resiste el impulso,
inhíbete y deja que se desvanezca.
Relájate y deja que la presión pase de largo,
y disponte poco a poco a hacer un alto
como un tren que reduce su marcha hasta detenerse.

Tu vida se abrirá entonces como un paisaje a tu alrededor
y el tiempo se expandirá como si no hubiera tiempo en
    absoluto,
sino un espacio continuo que fluye libremente.

Entonces la presión para hacer cederá paso
al sosiego y a la gracia de ser.

La caída

A veces entre un pensamiento y otro hay un espacio
en el que una asociación acaba su recorrido
y la mente se detiene un instante
en busca de una nueva historia de la que tirar;
es apenas un huequecito de un milímetro de anchura,
pero puedes caerte entre un pensamiento y otro
como entre los peldaños de una escalera de mano,
temeroso al principio, esperando estrellarte contra el
   suelo,
hasta que te das cuenta de que no hay suelo.

Notas el infinito espacio vacío debajo de ti,
pero no sientes ansiedad, ni vértigo;
no estás cayendo, sino flotando
fuera del alcance de la gravedad,
como un astronauta del espacio interior.

Relájate y déjate mecer,
asombrado por la inmensidad de tu ser
que trasciende tu cerebro y tu cuerpo,
estirándote hacia todas partes,

flotando por todas partes sin moverte,
siendo sin identidad.

El mar

Me sienta muy bien meterme en el mar,
volver a la fuente de la vida,
acurrucarme entre los brazos de un amante
y fundirnos en la unidad.

Ola tras ola, incesante,
pulverizándome y besándome,
gélido, golpeando cordilleras montañosas
cubiertas de nieve, azotándolas, poderoso.

Como un ser iluminado, el mar calma la mente
silenciándolo todo con su estruendo,
reduciendo los problemas a la insignificancia
y los pensamientos, a susurros lejanos.

En el mar, todos los opuestos se desvanecen;
lava helada que escupe y estalla,
olas impetuosas que emiten suavemente
un rugido de perfecta quietud.

Y percibo su sintiencia,
la fría caricia de un ser vivo,
una criatura que se desliza sobre la piel de la tierra
inspirando y espirando.

Espacio

Sin espacio no hay música, sólo ruido disonante.
Sin espacio no hay lengua, sólo sonido sin sentido.
El espacio crea pautas de significado,
infunde orden en el caos,
mantiene unidas las estructuras con la armonía de la
     forma.

Y, sin espacio, la vida carece también de sentido:
es un fragor de actividad constante,
tan cargada de exigencias que pierdes la perspectiva,
tan llena de responsabilidades que pierdes el rumbo
y, finalmente, te pierdes a ti mismo.

Pero cuando el espacio impregna tu vida,
empiezan a surgir formas, comienzan a aparecer pautas,
y tu visión se aclara contra un fondo vacío,
y vuelves a percibir tu propósito, y retomas tu camino.

Y cuando el espacio impregna tu ser,
tu disonancia interior empieza a desaparecer, el caos
     empieza a remitir,

como si un río de facilidad fluyera a través de ti.
Sientes que te vacías y te expandes
hasta ser inmenso y completo pero ilimitado,
y la inmensidad de tu ser está llena
de armonía y significado.

La sonrisa

En el momento de una brutal decepción,
cuando comprendes que tus esperanzas eran meras
    ilusiones
y estás avergonzado de tu credulidad
y enojado con el mundo por darte falsas esperanzas,
por permitir que esta estupidez haya durado tanto,
y tu futuro te parece inhóspito y lúgubre
sin esos filtros de falsa ilusión
y examinas los restos de tu vida
preguntándote si alguna vez fuiste quien creías ser...

Puede que percibas una parte de ti
que no forma parte de esto,
que está fuera de esta tormenta psíquica, ajena al caos,
asomándose entre las ruinas y las nubes de polvo,
mirando hacia delante y sonriendo,
sabiendo que estos daños son sólo superficiales,
que afectan sólo a tu fachada, no a tus cimientos,
y que cuando se hayan retirado los escombros,
habrá más espacio dentro
para que tu esencia resplandezca.

No hay ninguna necesidad

No hay ninguna necesidad de que te rodees de lujos,
de que te permitas tener lo mejor de todo,
frigoríficos metálicos y bolsos de diseño,
los colores de la temporada, el coche del año,
para demostrar a los demás que eres especial.

No necesitas dosis diarias de buenas noticias
para animarte cuando te sientes decaído.
No necesitas cumplidos, regalos
ni sonrisas seductoras
para estar contento contigo mismo,
ni chutes de placer cada hora
para estimular tus neuronas.

No hay ninguna necesidad de que digas lo adecuado,
de que seas encantador, divertido o elegante
para captar la atención de los desconocidos, y seguir
    gustando a tus amigos.
No hay ninguna necesidad de que finjas o te pongas a prueba.
No necesitas el respeto de los demás
para respetarte a ti mismo.

No hay ninguna necesidad de que tapes el silencio
con la cháchara de radios y televisiones.
No hay ninguna necesidad de que llenes el espacio vacío
con empleos que no necesitas hacer,
con palabras que no tienen significado
o con tareas que no tienen utilidad
salvo la de llenar el espacio vacío.

Sólo necesitas conocerte a ti mismo
para que tu disonancia interior desaparezca
y encuentres la tranquilidad bajo
el lugar donde ya estás completo,
donde no hay ninguna necesidad de que busques o te
    esfuerces
porque no hay ninguna necesidad.

Un momento sin pensamientos

Un momento sin pensamientos
y el ruido de fondo cesa,
y de repente puedo oír
el silencio entre un sonido y otro,
el silencio bajo el sonido
del que emergen todos los sonidos
como las olas en el mar.

Un momento sin pensamientos
y la niebla se disipa,
y el mundo está lleno
de luz translúcida,
de nuevas dimensiones de detalle
y nitidez, color y profundidad.

Un momento sin pensamientos
y estas calles residenciales
son un nuevo mundo impecable,
como un jardín que reluce con el rocío
la mañana tras la creación,
como si una cáscara de familiaridad

se hubiera partido y separado
dejando desnuda la identidad principal.

Un momento sin pensamientos
y ya no estoy aislado,
ya no soy una isla, sino parte del mar,
ya no soy un centro estático,
sino parte de un arroyo que fluye.

Un momento sin pensamientos
y el tren se ha parado entre dos estaciones
y nunca hubo ningún movimiento, nunca ninguna vía.
Un momento como un agujero
en constante expansión,
como cruzar una estrecha verja
y encontrar una infinita llanura abierta;
el panorama del presente.

Y este nuevo mundo sin pensamientos
no es ni ajeno ni desconocido,
sino un lugar donde el aire está cargado de benevolencia
y una suave energía brillante llena todo el espacio,
y la luz del sol es la translúcida luz blanca del espíritu.
El lugar más profundo, más cercano, más cálido…
la tierra donde estoy arraigado.

No tienes que pensar

No tienes que pensar.
No tienes que prever antes de actuar
ni hacer comentarios constantes mientras actúas
ni revivir tus actos después
a la vez que observas y criticas
los actos de los demás.

No tienes que discutir contigo mismo
sobre hechos que se desvanecieron hace décadas
ni resucitar antiguas humillaciones
que todavía te llenan de dolor y de odio.
No tienes que crear mundos imaginarios
en los que puedas satisfacer tus deseos secretos.

No tienes que observar impotente desde la barrera
mientras la cabeza te da vueltas
creando una disonancia innecesaria
y malgastando una valiosa energía.

No tienes que pensar
salvo cuando pensar es necesario,

cuando necesitas que tu mente consciente se haga cargo
    de algo, delibere, analice u organice,
o dejar que tu imaginación divague
para que surjan ideas y percepciones
del trasfondo de tu consciencia.

El pensamiento tendría que ser una herramienta
que podemos tomar cuando necesitamos y dejar después
sin que eso nos altere.

Por otra parte, es innecesario que el pensamiento
perturbe la tranquilidad natural de tu mente, que
diluya la pureza de la experiencia, que
distorsione la realidad a través de la interpretación,
que confunda el presente con el pasado
ni que interfiera en los impulsos que fluyen suavemente
de la parte silenciosa de ti, la misma que sabe
lo que piensas mejor que tú.

El momento de dejar de esforzarte

Ha llegado el momento de dejar de esforzarte,
de dejar de lanzarte hacia delante como un caballo con
    anteojeras.
Ha llegado el momento de dejar de insistir,
como un explorador enloquecido que no quiere admitir la
    derrota,
convencido de que la única razón que le impide avanzar
es no haberlo intentado lo suficiente.

Ha llegado el momento de abandonar
la lucha infinita para llegar a ser
y de aceptar que esto es todo lo que hay,
que no hay nada más que ganar o perder,
que si este momento no es lo bastante bueno,
ningún momento lo será,
que si no puedes hacer las paces con este momento actual,
siempre estarás en guerra.

Ha llegado el momento de dejar de intentar
doblegar el mundo a tu voluntad,
moldear el destino según tus deseos,

y de permitir que la vida se revele
lentamente con gracia natural, como la primavera.

Ha llegado el momento de dejar de nadar
y de permitir que el río te lleve.

¿Para qué esforzarte tanto
si puedes fluir tan fácilmente?

Cuando te pierdes a ti mismo

Cuando te sorprendes preguntándote
cómo vas a pasar el tiempo
y te esfuerzas por hacer planes
que llenen el incómodo vacío...

Cuando te sorprendes deseando ser otra persona
y miras con envidia páginas de revistas
deseando algo mejor o algo más...

Cuando te pillas a ti mismo sintiendo que algo no anda
    bien,
aunque eres incapaz de saber qué
y la soledad te resulta desconcertante,
como si la habitación estuviera llena de fantasmas
    inquietos...

Cuando pillas a tu mente aferrándose a sueños futuros,
anhelando demasiado unas vacaciones,
y ansías ruido y actividad
en la que sumergirte y olvidar...

Es sólo señal de que te has perdido a ti mismo,
de que un remolino de preocupaciones y
    responsabilidades
te nubla la mente
y se interpone entre ti y la calidez y la luz,
y el resplandor espacioso de ser.

Es sólo señal de que te has esforzado demasiado,
de que te has secado como un río en verano
y no puedes encontrarte con el océano.

No es necesario que hagas algo;
es necesario que no hagas nada
para abandonar el ruido y el estrés
hasta que la niebla se haya disipado
y tu ser se haya sumido en la quietud
y la conexión se establezca de nuevo.

La noche está viva

Me despierto en medio de la penumbra
en la que sólo unas pocas estrellas son lo bastante fuertes
para penetrar el brillo naranja
que llena estas geométricas calles grises.

Pero la noche está viva.
El espacio entre la tierra y el cielo
está cargado de electricidad,
con partículas que giran y chocan
mientras entran y salen de la existencia.

El siseo del resplandor cósmico
del primer milisegundo de la creación
que abarca todos los momentos desde entonces.
Cada átomo dispersado, nadando por este mar infinito,
cantando su unidad original.

La tierra virgen

Se requiere valor para enfrentarte a la realidad;
es muy fácil vivir en la evitación,
perderte a ti mismo en una neblina de distracción,
en un tenue brillo de entretenimiento
o en un flujo de actividad incesante,
asegurándote de que siempre estás tan absorto y ocupado
   que no tienes tiempo para preguntarte quién eres.

Es muy fácil esconderte tras las creencias,
encontrar cobijo tras capas de ilusión,
perderte en una historia
que parece contestar cada pregunta
y llenar todos los espacios donde podría crecer el miedo.

Se precisa valor para plantarte desnudo y vacío
sin distracciones ni apoyo,
sintiendo el aire frío de la realidad en tu piel,
observando una tierra al parecer virgen
preguntándote: «¿Dónde estoy? ¿Qué debería hacer
   aquí?»

Pero espera, mantente firme, y pronto te adaptarás.
Esta elevada altitud te inspirará,
este aire frío te refrescará,
este silencio te calmará,
esta soledad te conectará contigo mismo,
el vacío que creíste que te convertiría en una piedra
te dará la bienvenida a casa.

La tierra virgen es un oasis
y no hay necesidad de escapar.

El brillo suave

¿Por qué luchar contra el brillo cada vez más tenue de la
    juventud?
¿Por qué intentar congelar un proceso que no puede
    detenerse?
Te aferras con demasiada fuerza, por eso estás cansado;
las arrugas de tu rostro son de tensión, no de la edad.
Y aunque tu figura haya experimentado algunos cambios,
    aunque la superficie esté algo ajada y maltrecha, tu ser
    es rico y profundo,
alimentado por la experiencia y el conocimiento,
y ahora otra clase de luz mana de ti:
un brillo pleno, suave, como la luz del sol otoñal
que se proyecta más lejos y es más profundo
que el brillo centelleante y deslumbrante de la juventud.

¿Por qué no dejar que ese brillo resplandezca
en lugar de intentar reavivar una luz que se apaga?

El cambio conlleva deterioro si te resistes a él.
Pero si lo aceptas y fluyes con él,
conlleva crecimiento y renovación.

La fortaleza

Creías que la idea era acumular,
colonizar tu espacio interior
y levantarte a ti mismo, bloque a bloque,
hasta estar completo y ser inexpugnable,
lo bastante fuerte para enfrentarte al mundo.

Pero ahora sabes que has sido víctima de un engaño;
estás tan abrumado que apenas puedes moverte,
tan atiborrado de identidad
que has perdido el contacto con tu núcleo,
tus límites son tan gruesos y macizos
que tu alma se está asfixiando.

Pero todavía hay tiempo de aligerar tu alma.
Olvídate de sentimentalismos y despréndete de todo.
Desmantela la fortaleza, bloque a bloque.
Descomponte hasta la nada de nuevo;
conviértete en el vacío que siempre fuiste.

El alma primigenia

Al principio no eras nada,
un alma primigenia, un espacio abierto de ser,
hasta que te descubrieron en la tierra virgen.

Te llevaron a la ciudad para civilizarte,
para crearte una identidad.
Te enseñaron sus signos y señales,
te dotaron de una religión y una nacionalidad,
y te entregaron una lista de normas.
Te mostraron sus viejas tradiciones
y te dijeron que era tu deber conservarlas.
Te dieron una historia y un destino,
te convirtieron en un personaje de su historia.

Te señalaron a tus hermanos y hermanas,
te dijeron que eras diferente y especial,
te enseñaron a sentirte orgulloso y a ser leal,
y a recelar de aquéllos
con distintas normas y tradiciones,
y distintos signos y señales,
cuyas vidas son menos valiosas que la tuya.

Y, finalmente, se convencieron
de que les pertenecías por completo.
Pero no es verdad; a veces lo sientes en lo más profundo
    de tu ser,
como un susurro de una voz lejana que te llega con el
    viento;
un ligero recuerdo de tu estado primigenio, y un anhelo
    de restaurarlo.
Sabes que tu espacio abierto primigenio sigue ahí,
bajo todas esas capas de identidad,
indestructible, inmutable.

Y puede que ahora seas lo bastante fuerte
para recuperarte a ti mismo,
puede que seas lo bastante maduro para volver a ser un
    niño.

Así que sal de la historia,
exímete de esas normas antiguas,
despréndete de esas viejas tradiciones,
declárate libre del pasado y del futuro
con tu propio viaje por descubrir
y tu propia realidad por crear.

Di a tu gente que sigues siendo uno de ellos,
sólo que miembro de un grupo mayor del que ellos
también forman parte,
un grupo sin normas o límites
que acoge sin exclusiones.

Di a tu gente que hay demasiado en juego
para que la raza humana siga fragmentada;
nuestras partes rotas ya han marcado demasiado el
    mundo.

Di a tu gente que tienes una nueva mirada
con la que ves el profundo océano de la unidad
bajo las olas cambiantes de la superficie.

Regresa después a la tierra virgen, desnudo y
vacío de nuevo,
y danza con alegría primigenia.

La misma sustancia

¿Cómo podemos estar separados
si somos la misma sustancia, cuerpo y alma,
colecciones de los mismos átomos
y canales de la misma fuerza del alma?

Seamos como niños,
cuyos seres están demasiado vacíos
para llenarlos de distinciones,
demasiado abiertos para que el prejuicio los limite,
demasiado fluidos para que los conceptos los obstruyan,
tan completos y tan conectados que no necesitan levantar
una fortaleza de identidad.

¿Qué es lo que nos separa?
Sólo la ilusión de la identidad;
sólo la ilusión de la separación.

Muerte, la misteriosa desconocida

Sabes que la misteriosa desconocida va a venir a buscarte.
Sabes que tenéis una cita, aunque no sabes cuándo.
La ves de vez en cuando, encargándose de sus cosas
pero te aseguras de evitar su mirada, no respondes
    cuando habla.
Aquí hay muchas cosas que amas,
muchas personas, lugares y placeres a los que te sientes
    ligado
y te quedan muchos objetivos que lograr y ambiciones
    que realizar.
¿Por qué ibas a querer marcharte, entonces?
Tal vez si aprendieras a olvidarla,
ella se olvidaría de ti también.

Pero evitarla sólo hace que tu miedo se fortalezca,
un miedo demasiado sutil para notarlo,
como un gas tóxico que invade despacio tu ser
tiñendo de ansiedad tus pensamientos.
Un miedo subyacente a extinguirte
que vuelve cada sonido sospechoso,
cada movimiento, amenazador, y cada momento, una carga,

mientras la misteriosa desconocida deambula
    despreocupada,
desenfadada, apenas consciente de ti.

No la ignores más,
vuélvete hacia la desconocida y abrázala, deja que camine
    a tu lado,
y te revelará su verdadera identidad:
una maga que puede transformar tu vida
con el poder de la perspectiva y la magia de un nuevo
    significado,
que puede convertir la apatía en propósito,
las horas gélidas en momentos preciosos,
la llanura de un anciano hastiado en el nuevo mundo
    lleno de maravillas de un niño.
Y, finalmente, cuando la misteriosa desconocida se vuelva
    hacia ti y asienta,
no lucharás contra la muerte, sino que irás por voluntad
    propia.
Y al cruzar la frontera y entrar en su reino desconocido,
donde la separatidad y la solidez se desvanecen
y una luz de lo más suave y clara te envuelve
y nuevas dimensiones se revelan a tu alrededor,
inundándote de nuevo conocimiento (que, de algún
    modo, siempre tuviste),
sonreirás serenamente al comprender
que este reino es tu hogar
y que este viaje jamás terminará.

El gran dictador

Una descarga de silencio en tu mente,
una sorprendente e inesperada ausencia
del parloteo siempre presente
y de la presión siempre presente
y del ego siempre presente; un ruidoso auditorio
    abarrotado
que, de repente, está totalmente vacío.

El loco dictador que controlaba tu vida
sobre tu hombro, juzgando y criticando,
interfiriendo en cada impulso,
distorsionando cada situación
ha desaparecido misteriosamente, por lo menos, de
    momento.
Su gran palacio está de repente desierto,
su cama decorada está vacía y sin hacer,
su copioso desayuno se ha quedado a medio comer,
sus ministros han huido del país.

Y el pesado ambiente húmedo de la opresión se disipa,
el aire que estaba cargado de desconfianza y miedo

te sopla suave y ligeramente en la cara,
y tu ser, cerrado con fuerza como un puño,
se relaja y se abre a un espacio que fluye libremente.

Y ahora eres libre
de deleitarte con esta extraña tranquilidad
que se cuela más allá de los límites de tu yo,
de este silencio que es más que la ausencia de ruido,
de esta quietud que es más que la ausencia de actividad,
una quietud viva, silenciosa, un campo de fuerza
rebosante de sutiles energías.

Tal vez el dictador recupere el poder
o quizá otro loco ocupe su lugar,
pero ahora que has percibido el silencio,
ahora que sabes lo espacioso y tranquilo que eres,
la vida nunca será igual.

El dictador jamás volverá a controlarte del todo;
una parte de ti estará siempre fuera de su alcance.
La libertad siempre brillará con luz trémula en tu interior.

El suave balanceo de la muerte
(para IAN SMITH)

¿Cómo vas a desaparecer de repente,
escabulléndote en la noche sin contarnos tus planes,
dejándonos aquí, perplejos,
mirando, aturdidos, el espacio que tú llenabas?

¿Cómo vamos a aceptar
que no hay forma de localizarte
y hacerte regresar para enfrentarte a tus
    responsabilidades?

¿Cómo vamos a aceptar
que la mansión cada vez mayor de tu vida,
con todos sus pasadizos secretos y pasillos serpenteantes
y todas las habitaciones que nos dejaste compartir,
ha desaparecido de la noche a la mañana sin dejar rastro,
    casi como si nunca hubiera existido?

Pero bajo la tristeza hay un extraño júbilo,
una alegría compasiva.
Siento un suave balanceo,

como las ondulaciones en el agua de un barco lejano:
en algún lugar a mi alrededor, invisible,
tu consciencia se disuelve,
tu identidad se expande poco a poco,
el único punto estático de tu ser se está derritiendo
como el hielo en el mar.

Y percibo tu asombro
ante este viaje que nunca esperaste,
tu mirada de éxtasis atemorizado
cuando emprendes
tu camino hacia todo.

La renuncia

¿Estás dispuesto a entregarte?
¿Estás preparado para desprenderte de tus apegos,
para renunciar a tu estatus y tu éxito,
y dejar que tus ambiciones se desvanezcan?
¿Estás preparado para abandonar
este proyecto de acumulación de toda la vida
y dejar que tu imperio se desmorone?

Un día tendrás que soltar amarras, quieras o no,
así que prepárate ahora, como una viajera
que sabe que pronto se irá,
y empieza a cortar sus ataduras, delega sus deberes
y cede sus posesiones.

Así, cuando llegue el día de tu partida,
no te aferrarás a lo que tienes que dejar atrás,
tu alma no se verá atormentada por la nostalgia
ni sucumbirá a la amargura y el pesar.
En lugar de eso, estarás vacío, tranquilo y ligero,
y preparado para flotar libremente.

Los árboles

Juro que los árboles me estaban hablando;
dos grandes robles que se elevaban tras el muro de la
    estación
mientras el tren aguardaba,
y sus hojas de un intenso color verde centelleaban,
y sus ramas se balanceaban suavemente.

Parecían gurús, tranquilos y serenos,
procedentes de un mundo anterior.
Y me decían: «Afloja el ritmo...
No te esfuerces tanto por lo que está fuera de tu alcance.
No persigas la luz con tanta insistencia
que pierdas el equilibrio y te desarraigues.
Espera a que el sol venga a ti».

Se detuvieron un momento y susurraron:
«No dejes que el futuro perturbe tu mente.
El presente posee suficiente felicidad para cualquiera.
No mires hacia delante, mira a tu alrededor...
acepta y siéntete satisfecho».

El tren me llevó con él,
pronto volvíamos a traquetear por la vía,
pero mi mente no se había movido en absoluto,
seguía todavía allí con los árboles.

Estoy eternamente agradecido

«Ahora que sabes cómo es la vida,
¿habrías elegido nacer?»,
me preguntó un amigo pesimista.
Pareció sorprendido cuando respondí: «¡Por supuesto!»

Me planteo de nuevo la pregunta esta mañana,
esta gloriosa mañana otoñal
que me llena de una sensación de acierto y de afirmación,
esta mañana con una brillante luz astral
que hace que el mundo entero parezca transparente
y este cielo perfectísimamente azul
con la pureza de la consciencia misma
y las nubes etéreas que se forman y entremezclan
avanzando y empujándose como corderillos en
	primavera.

Sí, doy gracias por haber nacido.
Estoy eternamente agradecido
por el regalo de esta breve vida,
por ser un huésped del tiempo y el espacio,
acogido por este mundo pródigo y hermoso

para que saboree el dulzor de la sustancia
y la firmeza de la forma y la carne.

Estoy eternamente agradecido
por ser eterno,
por nunca haber nacido
y nunca morir.

Soy uno de los libres
(para MIS ANTEPASADOS)

Tras siglos de oscuridad,
estoy en la luz.
Tras siglos de prisión,
he sido liberado.

Soy uno de los libres,
el final de una larga fila de esclavos,
obreros y mineros
ajenos a la luz del día
que sudaban en el aire viciado,
ensordecidos por el ruido de los telares
mientras los pulmones se les llenaban de polvo de
    algodón,
que se zarandeaban entre sí para mantenerse despiertos
(porque si se dormían, jamás despertarían),
y las sombras que acechaban el inframundo
los asfixiaban lentamente mientras ellos arañaban las
    vetas
en medio de una oscuridad cargada de peligro.

Y antes que ellos, campesinos y siervos
que pasaban frío y hambre en invierno
encorvados sobre arados y guadañas,
encadenados a las tierras de su dueño
a lo largo de interminables siglos de parálisis,
reunidos como ganado por señores y reyes
que luchaban por pedazos de tierra
dejando que sus campos y familias se pudrieran.

Generaciones perseguidas por la enfermedad y la muerte,
traumatizadas por el miedo y la pérdida,
padres destrozados que enterraban a sus hijos,
hijos aturdidos y marcados que se quedaban huérfanos,
indefensos ante un mundo brutal.

Todo un mundo de posibilidades
reducido a un pequeño y oscuro círculo infernal,
almas como ríos profundos y generosos
reducidos a charcas enlodadas.

La libertad no siempre es fácil;
demasiadas elecciones pueden confundirte,
demasiado espacio abierto puede hacerte sentir
    expuesto,
como un soldado al terminar una guerra,
desconcertado por el silencio y la quietud;
podrías sentirte culpable, pensar que no mereces tu
    libertad.

Pero ¿qué podemos hacer salvo estarles agradecidos
por esforzarse a lo largo de esos siglos
por abrir esta ventana de luz?
Y usándola podemos llegar a merecerla.

Les debemos no desaprovecharla,
no darla nunca por sentado
y valorar siempre el aire fresco y la luz,
y la libertad de ser en lugar de simplemente hacer,
de detenerse, mirar y contemplar,
y, sobre todo, la libertad de llegar a ser,
de explorar las profundidades que les eran próximas,
de liberar el potencial que estaba reprimido en su interior
y permitirnos fluir lo más rápido y más lejos que
        podamos
y tratar de iluminar la oscuridad
que sigue llenando la vida de los demás.

La obra

Desde la ladera de la colina en Nochevieja
observo como las nubes se precipitan y chocan como
    olas,
y la luna llena se asoma y se oculta
mostrando su hermoso rostro brillante
para cubrirlo tímidamente otra vez.

Un segundo de un cielo gris pálido,
después un claro y, de repente, las nubes son gloriosas,
como si una gran diosa mirara a través de ellas
y las inundara de un resplandor blanco.
Entonces una puerta gigante se cierra de golpe
y la luz se apaga bruscamente.

Me siento como si me escondiera tras unos arbustos de la
    sabana
para observar un ritual espectacular:
dos animales inmersos en un juego exótico,
de caza o de cortejo, incluso de ambas cosas;
la obra de la luna y las nubes.

«Cuán asombroso es ser espectador de esta escena»,
    pienso.
De repente, la distancia se desmorona,
mi alma parece derretirse y volverse líquida
para extenderse y esparcirse por el espacio
hasta que estoy suspendido a la altura de las nubes,
tan amplio como los espacios que hay entre ellas,
a pesar de que sigo arraigado al suelo.

No hace falta alzar la mirada
ni siquiera mirar,
aquí no hay nadie a quien mirar,
no hay espectadores;
sólo hay la obra.

¿Puedes ser feliz sin nada?

¿Puedes ser feliz sin nada,
sin desear la felicidad,
sin entretenimientos ni actividades
que te distraigan de la infelicidad,

sin proyectos que te apasionen
con sus promesas de éxito
y que te hagan sentir que te acercas
cada vez más a la felicidad,

sin acumular más posesiones
o elevarte a un estatus superior
y hacer alarde de tu riqueza e importancia
para intentar convencer a los demás, y a ti mismo,
de que eres más feliz que ellos?

Si no, tu felicidad es siempre prestada,
de segunda mano y superficial,
como una manta que se retira rápidamente
y te deja frío, vacío y anhelando más.

Pero puedes ser feliz sin nada.
Existe una felicidad que carece de causa,
que no procede de consumir o de acumular
y no defrauda o decepciona ni se desvanece enseguida:
el bienestar de ser
que simplemente es y siempre está ahí.

Un intensísimo brillo de totalidad,
una energía suave y sutil, cuya naturaleza es la dicha,
como un río que fluye continuamente y cuya fuente eres
    tú.
Un bienestar que no precisas perseguir, sólo descubrir,
Por el que no precisas esforzarte, sólo permitir.

Sal de ti mismo

Tú no eres el centro del universo.

¿Cómo pueden ser importantes tus problemas
cuando hay una infinidad de espacio a tu alrededor,
una eternidad de tiempo delante y detrás de ti
y siete mil millones de almas más que comparten esta
    lucha contigo,
siete mil millones de centros más
con sus propios problemas y perspectivas
tan importantes como los tuyos por lo menos?

Sal de ti mismo.
Vacía esta habitación abarrotada
y abre de par en par las ventanas
para que el viento pueda soplar a través de ti.

Hazte a un lado y deja que se apodere de ti
una fuerza que es más poderosa que tu sufrimiento,
una causa que te eleva y te transporta
muy por encima de esta incómoda realidad
donde este mundo de confusión mental queda reducido

prácticamente a nada
mientras tu ser se extiende y se expande, convirtiéndose
en todo,
hasta que ya no eres el centro del universo
sino una expresión fluida del todo.

El mundo renace

El mundo renace cada momento
surgiendo de la nada como un milagro
recién creado, nuevo, sin nombre,
brillando con una belleza extraña.

Un mundo sin tiempo, sin tocar por el pensamiento,
todavía sin esculpir o etiquetar,
ni cercenar por conceptos y categorías;
simplemente una esencia pura sin filtrar.
Son solamente nuestras mentes las que hacen viejo el
     mundo
añadiéndole nuestros hábitos y recuerdos,
incorporándole nuestras viejas suposiciones,
hasta que el tiempo mismo está cansado
y cada día está cargado de aburrimiento.

Pero en el renacimiento del mundo, renacemos también
     nosotros;
cada momento es un nuevo comienzo,
una amnistía del pasado,
una oportunidad para recrearnos,

para desembarazarnos de limitaciones
y explorar este brillante mundo nuevo.

El comienzo del universo

Cuando dos amantes se reúnen
y dos células se encuentran y se fusionan,
se produce un *big bang* en miniatura
y comienza un universo.

Puede parecer intrascendente:
dos desconocidos buscando placer,
una aventura o unos favores fruto del alcohol,
la tarea semanal de una ama de casa hastiada,

pero en realidad son dos dioses
creando una nueva realidad,
una responsabilidad abrumadora,
un mundo que nutrir y supervisar.

Los gases se solidifican y los átomos se congregan,
la consciencia se propaga por el vacío radiante
y el universo va adquiriendo lentamente forma,
expandiéndose y asentándose.

Cada universo es un experimento,
una nueva red de planetas y galaxias
que entretejen nuevas pautas y posibilidades
y crean nuevas leyes de la naturaleza.

Cada universo es una aventura,
un viaje por un tiempo y un espacio inexplorados,
pasos vacilantes hacia delante y caminos pioneros
que colisionan y se cruzan.

Y cada universo es un misterio
lleno de fisuras y túneles ocultos,
repletos de energías invisibles
e infinitos y oscuros potenciales.

Y prácticamente al mismo tiempo que la expansión
    decrece,
comienza el lento movimiento de la entropía,
las conexiones se debilitan y los fragmentos se esparcen
hasta que todo el organismo se desmorona y se colapsa.

Un lento deterioro o una crisis gigantesca
y, de nuevo, la quietud del vacío.

Los árboles (2)

Es muy relajante pasear entre los árboles
por caminos horadados por sus raíces enredadas
y cubiertos con sus hojas,
sentir cómo cargan el aire de buenas sensaciones;
es como flotar en una laguna de profundas aguas verdes.

Pero siento también algo de tristeza;
una vez el mundo perteneció a los árboles.
Nosotros éramos sólo sus huéspedes, como yo ahora,
paseando entre sus sombras,
succionando su fruta como bebés.
Sólo veíamos el cielo a través de sus ramas.
Madres tiernas, el origen de la vida;
¿para qué necesitábamos dioses cuando podíamos adorar
    a los árboles?

Pero entonces ansiábamos autonomía
y rechazamos su fruta fácil.
Salimos de entre las sombras y despejamos un espacio
para obtener nuestras cosechas de la tierra.
Envidiosos de su dominio sin esfuerzo,

los talamos y quemamos
como Colón en su paso por el Nuevo Mundo,
maravillados de la facilidad con que caían a nuestros pies.

Y ahora creemos que la Tierra es nuestra.
A estos árboles no parece importarles;
la tristeza es mía, no suya.
Ellos tienen tiempo, se contentan con esperar
hasta que nos demos cuenta de que la autonomía es una
     ilusión,
de que la identidad no puede sobrevivir si no se comparte;
hasta que recordemos que seguimos siendo sus huéspedes,
o no lo recordemos y volvamos a dejarles el mundo,
un mundo maltrecho que sanará con el tiempo
y recuperará la armonía primigenia.

La inquietud

¿Cómo puedes permitirte ser feliz
cuando sabes que algo no está del todo bien?

Te embarga una sensación de inquietud difícil de definir,
como si te estuvieran observando
aunque estás solo en casa,
como si alguien hubiera registrado tus pertenencias
aunque nada parece estar fuera de lugar.

Una sensación de incompletitud,
una cita que se te debe de haber olvidado,
un trabajo que no terminaste
o una deuda que olvidaste pagar,
aunque lo has comprobado una y otra vez
y tus asuntos parecen estar en orden.

Pero míralo de nuevo: nada está mal.
Todo está como debería.
No hay nada de lo que preocuparse, ningún problema que
    solucionar.
Estás totalmente sano y salvo.

Mira en tu interior, ése es el origen de tu inquietud;
tu mente agitada, con sus pensamientos disparatados,
claustrofóbica como un pequeño bar abarrotado,
donde estás atrapado entre las mesas
escuchando cien conversaciones distintas.

Afloja el ritmo y quédate quieto un momento
hasta que tu mente empiece a sosegarse
y el aire empiece a despejarse
y las paredes empiecen a suavizarse
y notes que tu agitación empieza a disiparse
y que la tranquilidad empieza a invadirte
como el aire fresco que entra por una ventana abierta.

Siente lo apacible que es el mundo
y lo fácil que puede ser la vida.

Y permítete estar satisfecho.

El significado

No puedes explicar el significado,
reducirlo a pensamiento o encerrarlo en palabras,
descomponerlo en bloques básicos de construcción
o rastrearlo hasta un origen.

Pero cuando ves el significado, lo sabes.
Justo cuando olvidaste que existía,
estás conduciendo por la carretera
y giras la cabeza a un lado
como si alguien te hubiera tocado el hombro
y ahí está, extendido en el cielo nocturno
llenando los espacios entre las nubes.

Abres la puerta para tirar la basura
y ahí está, susurrando con el viento entre los árboles,
acariciándote la cara como un amante.
Echas la cabeza hacia atrás para sentir la lluvia
y ahí está, cayendo junto con los infinitos puntitos
    plateados,
canalizando benevolencia del cielo.

Abres los ojos de golpe en mitad de la noche
como si hubiera un intruso, un ruido desconocido,
y ahí está, en la intensa y espesa oscuridad que llena la
    habitación
y el brillo de la comunión inconsciente
que os envuelve a ti y a tu pareja.

El lugar olvidado más familiar,
tu hogar en una vida anterior.
La presencia tranquilizadora de una madre
y sus brazos cálidos y amorosos.

La extrañeza

No dejes que el mundo se vuelva familiar,
no olvides la extrañeza de estar vivo.

No olvides la extrañeza de estar aquí
en la superficie de este globo en rotación,
pisando su suave tierra oscura, sumergida en gases
    atmosféricos,
con el cielo teñido de azul, lleno de etéreas masas de cristales,
levantando la cara para mirar una abrasadora bola dorada
que nos acaricia con su calor y su luz
hasta que el azul se vuelve negro al abrirse
a la inmensa totalidad vacía del universo.

No olvides la extrañeza de ser este cuerpo
que respira y parpadea y sana y crece,
un milagro de precisión y complejidad,
una ciudad con un tráfico y una actividad incesantes
donde se entrelazan un millón de procesos microscópicos
y trabajan millones de organismos diminutos
para tu mayor bienestar,
para mantenerte consciente y vivo.

No olvides la extrañeza de parecer ser un yo
    fantasmagórico
que vive dentro de tu cuerpo, que se ha unido a tu forma,
que parece mirar a través de tus ojos
y puede establecer redes de lógica, crear mundos
    abstractos alternativos,
y transformarse en sí mismo y expandirse en
una espaciosa consciencia infinita.

No olvides la extrañeza de este mundo de formas,
donde la materia late con la consciencia
y reluce con ondas de luz
en expresiones y variaciones infinitas
de la misma generosa fuente, el mismo tema elemental,
el mismo sonido esencial a distintas frecuencias,
esta rugiente oleada ingente de vida,
el resplandor y la radiante desnudez del ahora
y la impresionante esencia de la realidad sin nombre.

La extrañeza más extraña todavía
porque no es hostil ni indiferente
sino adecuada y reconfortante, de algún modo cálida y
    acogedora,
como un caos que estuvo siempre planeado,
un enigma que tiene todo el sentido,
una cacofonía de significado, llena de armonía oculta;
una extrañeza gloriosa y armoniosa.

La fuerza

Son las cuatro de la madrugada
y mientras paseo por la habitación
intentando que nuestro bebé vuelva a dormirse,
miro por la ventana:
un cuadrado de pura oscuridad prístina
entre las cortinas medio corridas
que tiene millones de años,
millones de kilómetros de profundidad.
Una bolsa del universo,
un túnel en el espacio,
negro, frío y silencioso
pero vivo.

La fuerza fluye a través de la ventana,
espesa y viscosa,
pero, al mismo tiempo, sutil y vaporosa,
me envuelve y entra en mi interior
como humo, me recorre el cuerpo
despacio y con fuerza, mezclándose conmigo y pasando a
    formar parte de mí.

Dentro de mí sólo hay oscuridad,
imponente e inmensa, casi aterradora,
pero brillando con una cálida benevolencia.

La paradoja perfecta

Cuando puedes oír el silencio tras el ruido
y percibir el espacio entre la multitud,
cuando puedes intuir la paz en medio del caos y el
    conflicto,
y ver la belleza de lo feo y lo monótono...

Cuando la soledad jamás te lleva a sentirte solo
y el vacío parece desbordarse,
cuando cualquier extraño te resulta familiar
y cualquier lugar desconocido parece tu hogar...

Entonces sabrás que la dualidad ya no existe,
que has ido más allá de la contradicción
hacia el lugar de la paradoja perfecta,
donde todo tiene sentido.

El final del éxito

No hay éxito ahora, tu oportunidad ha pasado.
La jueza examinó otra vez tu caso, pero denegó con la
    cabeza
y ahora tu fracaso es demasiado definitivo para anularlo.

Te dijeron que nunca te rindieras, pero es demasiado
    tarde;
si sigues intentando avanzar, te hundirás aún más.

Pero ahora que no hay forma de avanzar,
ésta es tu oportunidad de detenerte y mirar a tu
    alrededor.
Observa cómo la carretera se desvanece tras de ti
y el paisaje empieza a surgir, como a través de la niebla
    matutina;
un panorama brillante, nuevo y lleno de significado,
sin ninguna dirección hacia ninguna parte, sólo
    profundidad y espacio.
Siempre estuvo aquí, pero nunca lo viste,
porque nunca estuviste aquí.

Y finalmente es evidente
que la consecución no es un lugar que tengas que buscar,
sino el lugar a partir del cual estás buscando,
que la totalidad no es un lejano objetivo futuro,
sino tu estado presente más cercano,
que no importa cuánto éxito acumules
ni cuánto fracaso arrastres tras de ti,
estar vivo es siempre suficiente.

El final del deseo

Si lo que quieres es placer, riqueza o fama infinitos,
estarás siempre queriendo.
Nunca alcanzarás un lugar de paz.

Unos momentos de respiro
mientras digieres la experiencia
y, después, la misma sed inquieta,
la misma imperfección corrosiva,
sólo que un poco más potente y enrarecida
porque tu paleta es un poco más refinada
y tu sentido del gusto está un poco más embotado.

El deseo es como una célula fecundada
que se divide y multiplica constantemente
y jamás alcanza una forma final;
sólo dispersa y diluye tu mente
y te aleja todavía más de la fuente.

Podrías pensar que has llegado al final del deseo,
pero entonces la neblina se despeja

y te das cuenta de que este pico es tan sólo una meseta,
el pie de un pico más alto todavía.

Cuanto más buscas la felicidad
poniendo el mundo patas arriba
en pos de un legendario tesoro que nunca estuvo ahí,
más pierdes el contacto con la reluciente fuente
de la paz y la dicha en tu interior.

No desees nada
salvo el final del deseo.

Saborea este mundo, saborea esta vida

Saborea este mundo
porque fue sólo por casualidad que tu nave atracó aquí,
en la costa de esta isla desconocida,
en medio de un océano vacío,
y sólo puedes quedarte un tiempo aquí,
paseando por estos bosques exuberantes,
comiendo estas frutas exóticas,
hasta que tu nave zarpe de nuevo.

Saborea este mundo
porque eres sólo un huésped de paso en esta ciudad
y paras en ella para visitar a unos parientes de camino a casa,
aunque no el tiempo suficiente para echar raíces,
y recorres estas calles desconocidas
saludando con la cabeza a los transeúntes, supones que
    gente del lugar.
Pero fíjate mejor: aquí todos son viajeros.

Saborea esta vida
porque pasa como un río de aguas bravas

y no hay nada a lo que aferrarte,
ninguna rama a la que sujetarte,
ningún arbusto al que asirte a tu lado,
nada que hacer salvo nadar con la corriente
y perderte a ti mismo
en el estruendo, el ritmo y la velocidad.

Saborea esta vida
porque has ganado el premio gordo,
la liberación de la ciudad,
las llaves del reino,
un crucero para toda la vida por el tiempo y el espacio,
el honor de la experiencia,
la gloria de la existencia.
Y un día tendrás que devolverlo.

Y cuando llegue ese día, ya no sentirás amargura ninguna,
sólo agradecimiento por el privilegio de ser,
siempre que hayas vivido en celebración
siempre que hayas vivido en gratitud
siempre que hayas saboreado el mundo.

El proyecto

En esto hay más de lo que piensas.
Formas parte de un proyecto demasiado amplio para que
  lo comprendas.
Los impulsos que guían tu vida
no nacen de ti, sino que pasan a través de ti;
tú eres un canal, no la fuente.

Pero los impulsos no fluyen claramente a través de ti,
has dejado que el canal quede obstruido
por la poca confianza en ti mismo y por el miedo.
Así que la fuerza se ha diluido, el mensaje se ha
  distorsionado,
y el río que debería correr a toda velocidad a través de ti
es un riachuelo que avanza vacilante, titubeante.

Pero este proyecto es demasiado importante para
  interferir en él.
Hay demasiado en juego para entorpecerlo,
para dejar que tus miedos y deseos te distraigan,
para temer el fracaso o recelar del éxito,
para preocuparte por parecer idiota o quedar mal,

para preguntarte quién te está mirando y qué podría estar
    pensando
y desanimarte si nadie parece estar mirándote,
o frustrarte si no parece entender nada.

Basta con hacer lo que tenías que hacer,
con expresar lo que tenías que expresar
sin valorar el efecto que causas
ni pensar en las consecuencias o las reacciones.

Hay demasiado en juego para que llegues a ser
menos de lo que tenías que ser,
para que dejes una mínima parte de tu potencial sin
    alcanzar
o una mínima parte de tu mensaje sin decir.

Éste es el momento de ser audaz
para que la fuerza pueda fluir libremente a través de ti.
Éste es el momento de estar vacío
para que la fuente pueda llenarte por completo.
Éste es el momento de hacerte a un lado
y dejar que el proyecto se despliegue a través de ti.

De vuelta en casa

De vuelta en casa,
el lugar donde el cielo es tan extenso como el espacio,
donde las nubes se acarician entre sí mientras flotan,
donde los árboles son mensajeros danzarines del viento,
donde las formas son nítidas y refinadas, y los colores
    parecen brillar
como si estuvieran tallados en el cristal más puro.

De vuelta en casa,
la relajante energía serena del yo,
el río subterráneo que hace tan fértil el suelo,
con raíces que se extienden hacia muy abajo,
hacia la tierra segura y robusta
de modo que el estrés y el miedo no pueden doblegarte ni
    quebrarte.

De vuelta en casa,
al lugar donde el tiempo se dispersa, casi parece
    detenerse,
y ya no hay que esforzarse, buscar o hacer siquiera,
sólo pasar airosamente cada día fácil

y la presión del futuro se desvanece
como un ejército que se bate en retirada
dejando el presente en paz.

La esencia

Tu esencia es el vacío,
tu esencia es el amor,
tu esencia es la energía,
tu esencia es la dicha.

Tu esencia fluye como una fuente
de un pozo de consciencia pura en el corazón
de la realidad.
Tu esencia emana con una fuerza eterna
que te ha tomado prestado para esta vida.

Tu esencia es inmortal.
Esta forma se debilitará y se desvanecerá,
y la esencia regresará a su fuente
para encontrar una nueva expresión.

Tu esencia se extiende
dentro y fuera de tu cuerpo,
dentro y fuera del tiempo,
en el interior del mundo y más allá de él,
en casa, en la paz, en cada lugar.

Agradecimientos

Me gustaría expresar mi gratitud a Eckhart Tolle, Kim Eng y Marc Allen por su apoyo y por su entusiasmo por este libro. Gracias de todo corazón a Susan Miller por sus muchas sugerencias y comentarios útiles. Gracias también a Jonathan Wichmann por muchas otras sugerencias editoriales útiles. Finalmente, muchas gracias a O Books por permitirnos incluir varias piezas ya publicadas en mi libro *The Meaning*.

Índice de primeras líneas

Acerca del autor

Steve Taylor es autor de varios libros sobre espiritualidad y psicología, entre ellos se cuentan *La caída*, *Despertar del sueño* y *Salir de la oscuridad*. También ha publicado un libro de reflexiones espirituales poéticas, *The Meaning*. Es profesor titular de Psicología en la Universidad de Leeds Beckett, en el Reino Unido. Desde 2011 ha figurado anualmente en la lista de «las 100 personas vivas más influyentes del mundo desde el punto de vista espiritual» de la revista *Mind, Body, Spirit*.

Visita su sitio web www.stevenmtaylor.com.

Ecosistema digital

Floqq
Complementa tu lectura con un curso o webinar y sigue aprendiendo.
Floqq.com

Amabook
Accede a la compra de todas nuestras novedades en diferentes formatos: papel, digital, audiolibro y/o suscripción.
www.amabook.com

Redes sociales
Sigue toda nuestra actividad. Facebook, Twitter, YouTube, Instagram.

EDICIONES URANO